BEI GRIN MACHT SICH IHR WISSEN BEZAHLT

AF140731

- Wir veröffentlichen Ihre Hausarbeit,
  Bachelor- und Masterarbeit

- Ihr eigenes eBook und Buch -
  weltweit in allen wichtigen Shops

- Verdienen Sie an jedem Verkauf

Jetzt bei www.GRIN.com hochladen
und kostenlos publizieren

Bibliografische Information der Deutschen Nationalbibliothek:

Die Deutsche Bibliothek verzeichnet diese Publikation in der Deutschen National-
bibliografie; detaillierte bibliografische Daten sind im Internet über http://dnb.d-
nb.de/ abrufbar.

Impressum:

Copyright © 2016 GRIN Verlag, Open Publishing GmbH
Druck und Bindung: Books on Demand GmbH, Norderstedt Germany
ISBN: 978-3-668-22752-1

Dieses Buch bei GRIN:

http://www.grin.com/de/e-book/322903/gesundheitsfoerderung-muskelaufbau-
und-steigerung-von-fitness-und-ausdauer

Christian Lehnert

Gesundheitsförderung, Muskelaufbau und Steigerung von Fitness und Ausdauer. Erstellung eines Trainingsplans

GRIN Verlag

Deutsche Hochschule für

Prävention und Gesundheitsmanagement

Hermann Neuberger Sportschule 3

66123 Saarbrücken

Einsendeaufgabe

Fachmodul:	Trainingslehre 1
Studiengang:	Fitnessökonomie
Datum	
Präsenzphase:	22.02.2016 - 25.02.2016
Name, Vorname:	Lehnert, Christian
Studienort:	**Berlin**
Semester:	**WS15**

Inhaltsverzeichnis

1 Diagnose

1.1 Allgemeine und biometrische Daten

Tab.1: Allgemeine und biometrische Daten zur Person X

	Daten zur Person X	Bewertung
Alter	20 Jahre	-
Geschlecht	männlich	-
Körpergröße	190 cm	BMI = 22,2
Körpergewicht	80 kg	= Normalgewicht (18,5 bis < 25)
Trainingsmotive	Gesundheit Muskelaufbau Fitness/Ausdauer Stressabbau	-
Berufliche Tätigkeit	Student	-
Aktuelle sportliche Aktivitäten		
- Leistungsstufe	Fußball seit 14 Jahren >	2x pro Woche / je 90min (Fortgeschritten)
- Leistungsstufe	Fitnesstraining seit 1Jahr >	1-2 pro Woche / je 90min (Geübter)
Frühere sportliche Aktivitäten		
- Leistungsstufe	Hockey >	1-2 pro Woche (Geübter)
Zeitlicher Verfügungsrahmen	2 - 3 pro Woche / je 90min - 120min	
Blutdruck	124/82 mmHg	Der Blutdruck befindet sich systolisch und diastolisch im Normalbereich. optimal: systolisch <120 mmHg diastolisch <80 mmHg normal: systolisch 120-129 mmHg diastolisch 80-84 mmHg hoch-normal: systolisch 130-139 mmHg diastolisch 85-89 mmHg

	Daten zur Person X	Bewertung
Orthopädische Probleme	Rundrücken (Hyperkyphose)	gezielte Übungen für Stabilität und Aufrichtung der Wirbelsäule
Internistische Probleme	keine	voll belastbar
Ärztliche Behandlungen	keine	voll belastbar
Einnahme von Medikamenten	keine	voll belastbar
Gesundheitliche Einschränkungen	keine	voll belastbar

1.2 Krafttestung

1.2.1 Testverfahren

Bevor die Trainingsplanerstellung erfolgt, wird ein Mehrwiederholungskrafttest (X-RM-Test) durchgeführt. Anhand einer festen Anzahl von Wiederholungen an bestimmten Geräten wird getestet, wie viel Gewicht die Person X maximal mit der angegebenen Wiederholungsanzahl schafft. Dieses Testverfahren ist im Gegensatz zu einem 1-RM-Test, bei dem mit einer Wiederholung das maximale Gewicht überwunden werden muss, vorteilhafter. Denn bei einem X-RM-Test ist die Verletzungsgefahr geringer als bei einem 1-RM-Test und eignet sich deshalb für Geübte. Da die Person X sich das Ziel gesetzt hat, Muskeln aufzubauen und die Ausdauer zu verbessern, orientieren wir uns an dem Testverfahren der Individuellen-Leistungsbild-Methode (ILB-Methode) (Eifler, 2015, S. 156).

1.2.2 Testablauf

Die Person X wird den Test mit 15 Wiederholungen (WH) durchführen (15-RM-Test). Vor dem 15-RM-Test erfolgt ein allgemeines Aufwärmen, welches 10 Minuten bei einer Herzfrequenz von 60% der maximalen Herzfrequenz auf dem Laufband stattfindet. Danach werden an jedem Gerät vor dem ersten Testsatz 1-2 Sätze durchgeführt (spezielles Aufwärmen), bei dem die Intensität gering ist und die Wiederholungsanzahl kleiner als 10 sein sollte.

Nach dem speziellen Aufwärmen wird das Gewicht für den ersten Testsatz aufgelegt.

- schafft Person X es nicht, wird das Gewicht verringert

- schafft Person X es auf den Punkt, wird der Satz als Maximalgewicht notiert

- schafft Person X es ohne Probleme, wird das Gewicht erhöht und ein zweiter Testsatz durchgeführt

- maximal werden drei Testsätze durchgeführt, zwischen den Sätzen sind 3 Minuten Pause

1.2.3 Testübungen

Tab. 2: Krafttest mit einem 15-RM-Test

Mehrwiederholungskrafttest (15-RM-Test)					
Übung	WH	1. Testsatz	2. Testsatz	3. Testsatz	Bewertung
Brustpresse sitzend	15	30 Kilogramm	35 Kilogramm	-	gültiger Satz mit maximal 35 Kilogramm
Zug vertikal zum Nacken	15	60 Kilogramm	50 Kilogramm	-	gültiger Satz mit maximal 50 Kilogramm
Beinpresse horizontal sitzend	15	120 Kilogramm	140 Kilogramm	155 Kilogramm	gültiger Satz mit maximal 155 Kilogramm
Beinbeugemaschine sitzend	15	20 Kilogramm	30 Kilogramm	-	gültiger Satz mit maximal 30 Kilogramm
Reverse Butterflymaschine	15	15 Kilogramm	20 Kilogramm	-	gültiger Satz mit maximal 20 Kilogramm
45° Rückenstreckbank	15	-	-	-	Übung wird ohne Gewicht ausgeführt
Bauchmaschine	15	10 Kilogramm	20 Kilogramm	25 Kilogramm	gültiger Satz mit maximal 25 Kilogramm

1.2.4 Schlussfolgerungen

Es gibt keine Norm- bzw. Referenzwerte für den Test, weil der Test genau auf die Person X abgestimmt ist. Des Weiteren gibt es die Möglichkeit, nach jedem Mesozyklus einen Re-Test durchzuführen, um festzustellen, ob die Person X sich verbessert hat. Anhand eines Grobrasters zur Trainingsplanung nach der ILB-Methode (Boeckh-Behrens et al., 2002; Fleck & Kraemer, 2004; Fröhlich, 2003; Hoeger et al., 1990; zitiert nach Eifler, 2015, S. 156), kann man die Trainingsintensität ableiten.

2 Zielsetzung/Prognose

Tab. 3: Zielsetzung/Prognose der Trainingsmotive

Inhalt	Ausmaß	Zeit	Begründung
Muskelaufbau	500 Gramm Muskeln aufbauen	6 Monate	Durch ein Muskelaufbautraining wird Person X beweglicher und die ROM (range of motion) erweitert sich, um mögliche Haltungsschwächen zu mindern
Fettabbau	2,5 Kilogramm Körperfett abbauen	6 Monate	Person X kann durch gezielten Fettabbau die gewünschte Körperformung erreichen und fühlt sich fit und gesund
Ausdauer	5 Kilometerlauf unter 28 Minuten	6 Monate	Durch regelmäßiges Ausdauertraining steigert Person X die Ausdauer. Sie wird im Fußball über längere Zeit gute Leistung bringen und sich vom Unistress ablenken können

3 Trainingsplanung Makrozyklus

3.1 Darstellung Makrozyklus

Tab. 4: Trainingsplanung Makrozyklus nach der ILB-Methode

	Mesozyklus 1	Mesozyklus 2	Mesozyklus 3	Mesozyklus 4
Zyklusdauer	6 Wochen	6 Wochen	6 Wochen	6 Wochen
Spezifisches Trainingsziel	KA	Hy	Hy	KA
Trainingseinheiten pro Woche	2	3	3	2
Organisationsform	GK/KT	GK/ST	GK/ST	GK/ST
Übungen pro Muskelgruppe	2	3	3	2
Sätze pro Übung	2	3	3	2
Satzpausen	< 1min	90-120sek	90 -120sek	< 1min
Wiederholungen	15	10	12	15
Intensitäten	Woche 1-2 60% Woche 3-4 70% Woche 5-6 80%	Woche 1-2 60% Woche 3-4 70% Woche 5-6 80%	Woche 1-2 60% Woche 3-4 70% Woche 5-6 80%	Woche 1-2 60% Woche 3-4 70% Woche 5-6 80%
Bewegungstempo konzentrisch/ isometrisch/exzentrisch	2/0/2	2/0/2	2/0/2	2/0/2

GK = Ganzkörper   KT = Kreistraining   ST = Stationstraining   KA = Kraftausdauer
Hy = Hypertrophie

3.2 Begründung zum Makrozyklus

3.2.1 Begründung der Auswahl

Da die Person X schon gewisse Vorkenntnisse im Fitnessstudio gesammelt hat, stufe ich die Person X als geübt ein. Anhand des Grobrasters der ILB-Methode kann abgeleitet werden, welche Belastungsparameter für die Person X angewandt werden können. Mein Makrozyklus gliedert sich in vier Mesozyklen, die sich jeweils über vier Wochen erstrecken. Die Person X trainiert seit fast einem Jahr im Fitnessstudio. Somit befindet sich zwar der erste Mesozyklus noch im Kraftausdauerbereich, aber liegt von der Wiederholungszahl her schon an der Grenze zum Hypertrophietraining, welches in den zwei folgenden Mesozyklen folgt. Ich habe mich im vierten Zyklus wieder für ein Kraftausdauertraining entschieden, weil ein Maximalkrafttraining für die Person X und ihren Rücken nicht von Vorteil wäre.

3.2.2 Begründung der Belastungsparameter

3.2.2.1 Einheiten pro Woche

Die Trainingseinheiten pro Woche sind immer abhängig vom Zeitplan der Person X. Da die Person X einen flexiblen zeitlichen Verfügungsrahmen hat, kommt die Person X im ersten und vierten Mesozyklus zweimal und im zweiten und dritten Mesozyklus drei Mal. In einer Studie von Wirth, Atzor und Schmidtbleicher wurde festgestellt, dass bei Trainingsbeginnern schon bei einer Einheit pro Woche Muskelmassezuwachs sichtbar wurde. Allerdings fanden sie auch heraus, dass bei zwei bis drei Einheiten in der Woche deutlich mehr Muskelmassezuwachs erreicht wird (Wirth et al., 2007; Atzor, 2007; Schmidtbleicher, 2007; zitiert nach Eifler, 2015, S. 135). Insofern wären die zuvor veranschlagten zwei bis drei Trainingseinheiten pro Woche optimal für Person X.

3.2.2.2 Übungen pro Muskelgruppe

Bei noch nicht erfahrenen Personen ist es wichtig, die richtigen Übungen auszuwählen. Es bietet sich immer an, mit einem geführten Gerätetraining zu beginnen, damit sich der Bewegungsablauf erst einmal einprägt, bevor zu freien Übungen gewechselt werden kann. Die Übungsanzahl pro Muskelgruppe ist im ersten Mesozyklus mit zwei gewählt, da bei der Person erst einmal die neuen Trainingsreize in den großen Muskelgruppen gesetzt werden sollten. In den folgenden Mesozyklen wird mit drei Übungen pro Muskelgruppe trainiert, damit auch die tiefer gelegenen Muskelgruppen beansprucht werden.

3.2.2.3 Sätze pro Übung

Die Person X beginnt im ersten Mesozyklus mit zwei Sätzen pro Übung. Allerdings soll sie im ersten Mesozyklus zwei Durchläufe absolvieren, da es ein Kreistraining ist. Im zweiten bis vierten Mesozyklus werden drei Sätze pro Übung durchgeführt. „Die meisten Studien zeigten eine Überlegenheit des Mehrsatz-Trainings im Hinblick auf die

Kraftentwicklung" (Buskies & Boeckh-Behrens, 2009; Greiwing & Freiwald, 2005; Humburg, 2005; Kraemer, 1997; Marx et al., 2001; Pausen et al., 2003; Pearson, Faigenbaum, Conley & Kraemer, 2000; Sanborn et al., 2000; Schlumberger et al., 2001; zitiert nach Eifler, 2015, S. 142).

3.2.2.4 Intensität

Anhand des maximalen Gewichts der Person X, lässt sich die Intensität für das Training ausrechnen. In den ersten beiden Wochen jedes Mesozyklusses trainiert die Person mit einer Intensität von 60% ihres Maximalgewichts, in Woche drei und vier mit 70% und in Woche fünf und sechs mit 80%. Vor beziehungsweise nach jedem Mesozyklus wird ein Maximalkrafttest, auf Basis des X-RM-Tests, durchgeführt. Mit diesen Werten lassen sich die Intensitäten für den nächsten Mesozyklus ausrechnen.

3.2.3 Begründung der Organisationsform

Im ersten der vier Mesozyklen wird ein Ganzkörpertraining, im Sinne eines Kreistrainings, durchgeführt. Dieses Kreistraining hat für die Person X den Vorteil, dass sie im Kreis von Gerät zu Gerät wechselt. Des Weiteren muss die Person X nicht auf die Pausenzeiten achten und die Muskelgruppen wechseln, was heißt, dass die Muskelgruppe nicht vollständig ermüdet, sondern immer neue Reize aufnimmt. In den Mesozyklen zwei, drei und vier wird ein Ganzkörpertraining an Stationen durchgeführt. Es sollten die Pausenzeiten eingehalten werden, weil jede Muskelgruppe nacheinander trainiert wird.

3.2.4 Begründung der Periodisierung

Mein Makrozyklus beruht bis einschließlich dem dritten Mesozyklus auf einer klassischen Periodisierung. „Im Vergleich zu einer reversen linearen Periodisierung ... konnte sich die klassische lineare Periodisierung im Hinblick auf die Steigerung der Kraftleistung als effektiver beweisen ..." (Prestes, Lima, Follini, Donatto & Conte, 2008; zitiert nach Eifler, 2015, S. 170). Im vierten Mesozyklus wird aufgrund der Rückenprobleme von Person X die klassische Periodisierung nicht fortgeführt, das heißt die Intensität steigt zwar, aber die Wiederholungszahl nimmt trotzdem zu. Man könnte sagen, dass im vierten Mesozyklus eine neue klassische Periode beginnt.

4 Trainingsplanung Mesozyklus

4.1 Darstellung Mesozyklus

Tab. 5: Darstellung Mesozyklus 1

	Mesozyklus 1
Zyklusdauer	6 Wochen
spezifisches Trainingsziel	Kraftausdauer
Trainingseinheiten pro Woche	2
Organisationsform	Ganzköpertraining/Kreistraining
Übungen pro Muskelgruppe	2
Sätze pro Übung	2 Sätze pro Übung / 2 Kreisdurchläufe
Satzpausen	< 1 Minute (Wechsel zum anderen Gerät)
Wiederholungszahl	15
Intensität	Woche 1-2 60%
	Woche 3-4 70%
	Woche 5-6 80%
Bewegungstempo	2/0/2
Übungen	1. Beinpresse horizontal sitzend
	2. Zug vertikal zum Nacken
	3. Brustpresse sitzend
	4. Bauchmaschine
	5. Reverse Butterflymaschine
	6. Beinbeugemaschine sitzend
	7. 45° Rückenstreckbank

4.2 Begründung der Übungsauswahl

Der Schwerpunkt bei dem Krafttraining von Person X liegt vorrangig erst einmal auf Maschinenübungen. Dies hat den Vorteil, dass die Person X eine geführte Bewegung hat, bei der fast keine Fehlerbilder auftreten können und die Übungen wieder schnell erlernt werden. Es werden im Mesozyklus 1 die großen Muskelgruppen beansprucht und dabei liegt das Augenmerk auf der Rückenmuskulatur, da diese aufgrund der vorliegenden Hyperkyphose bei Person X stabilisiert und die Wirbelsäule aufgerichtet werden soll. „Mehrgelenkige Übungen sollten vor eingelenkigen Übungen ausgeführt werden, um eine Vorermüdung von Synergisten zu vermeiden" (Bompa & Carrera, 2005, S. 69; zitiert nach Eifler, 2015, S. 205).

4.3 Begründung der einzelnen Übungen

Zu Beginn jeder Trainingseinheit findet ein Aufwärmeprogramm statt, welches sich in ein allgemeines und spezifisches Aufwärmen gliedert. Die Person X wärmt sich auf der Rudermaschine für 5 - 10 Minuten bei 60% ihrer maximalen Herzfrequenz auf. Beim speziellen Aufwärmen wird ein Satz vor dem eigentlichen Trainingssatz durchgeführt. Die Intensität sollte gering sein und nicht mehr als 10 Wiederholungen betragen. Das Aufwärmen verringert das Verletzungsrisiko und fördert die Einstellung zum Training.

Beinpresse horizontal sitzend
Bevorzugt werden bei der Beinpresse der M. quadriceps femoris und der M. gluteus maximus trainiert. Beide Muskeln wirken sich positiv auf das Kniegelenk aus, wenn sie beansprucht werden. Der M. gluteus maximus stabilisiert bei Person X das Becken und somit werden mögliche Fehlhaltungen im unteren Rücken behoben. Durch das Training des M. quadriceps femoris stärkt Person X auch die Beschleunigung in den Beinen, um schneller den Ball, beim Fussball, schießen zu können (Gumbert, 2016 [2]).

Zug vertikal zum Nacken
Diese Übung beansprucht die Muskulatur im oberen Rücken (M. latissimus dorsi, M. teres major, M. trapezius und M. deltoideus pars spinata). Durch Kräftigung der Muskulatur erreicht Person X eine bessere aufrechte Haltung (Gumbert, 2016 [4]).

Brustpresse sitzend
Um den Körper der Person athletischer aussehen zu lassen, wird bei dieser Übung der M. pectoralis major, der M. deltoideus pars clavicularis und der M. triceps brachii vor-

zugsweise trainiert. Es ist wichtig die Brustmuskulatur nach dem Training nochmals zu dehnen, damit sich die Muskeln nicht verkürzen. Das hätte den Nachteil, dass sich der Oberkörper von Person X nach vorn ziehen würde und der Rundrücken nicht gestärkt wird, sondern mehr geschwächt wird (Gumbert, 2016 [3]).

Bauchmaschine

Da Person X ein rückenorientiertes Krafttraining durchführt, ist es wichtig den Antagonisten (Bauch) zu trainieren. Die Bauchmuskulatur kräftigt den Rücken und bewirkt auch eine gesunde Körperhaltung. Es ist wichtig den M. rectus abdominis, M. obliquus externus abdominis, M. obliquus internus und den M. transversus abdominis zu trainieren, um eines der größeren Fettdepots des Körpers zu verringern, was sich Person X zum Ziel gesetzt hat (Gumbert, 2016 [1]).

Reverse Butterflymaschine

Bei dieser Übung wird, wie beim Zug vertikal zum Nacken, die Muskulatur (M. latissimus dorsi, M. teures major, M. trapezius pars transversa) im oberen Rücken gestärkt. Außerdem wird die Schultermuskulatur mit beansprucht und bewirkt bessere Gelenkbewegungen im Schultergelenk (Gumbert, 2016 [4]).

Beinbeugemaschine sitzend

Die Beinbeugemuskulatur sollte mit trainiert werden, da es durch eine einseitige Beanspruchung des M. quadriceps femoris sonst zu einer Verkürzung in der Beinbeugemuskulatur führen kann. Trainiert werden überwiegend der M. biceps femoris, der M. semitendinosus, der M. semimembranosus und der M. gastrocnemius (Gumbert, 2016 [2]).

45° Rückenstreckbank

Durch die überwiegende sitzende Tätigkeit, die Person X in der beruflichen Tätigkeit ausübt, kann es dazu kommen, dass die Muskulatur sich verkürzt. Um da entgegen zu wirken, wird mit dieser Übung der untere Rücken mobilisiert. Folgende Muskeln werden beansprucht und stabilisieren den Rumpf: M. erector spinae, M. gluteus maximus und M. biceps femoris (Gumbert, 2016 [4]).

Nach dem Training erfolgt für Person X noch eine Ausdauereinheit auf dem Laufband über 20 Minuten bei einer Herzfrequenz von 60% der maximalen Herzfrequenz. Um den Körper nach der Belastung wieder anzuwärmen, wird ein kurzes Dehnprogramm durchgeführt, welches die Gesundheit und Beweglichkeit der Muskulatur fördert. Lockerungs- und Entspannungsübungen können im Wechsel mit dem Dehnungsprogramm variiert werden.

5 Literaturrecherche

5.1 Effekte des Krafttrainings bei Rückenbeschwerden

Tab. 6: Studien zum Thema „Effekte des Krafttrainings bei Rückenbeschwerden"

Wer hat die Studie durchgeführt ?	
Fr. Stephan und Hr. Giebel aus der Abteilung Forschung und Entwicklung der Kieser Training AG und Herr Prof. Dr. Schmidtbleicher vom Institut für Sportwissenschaften der Johann Wolfgang Goethe - Uni Frankfurt/Main	M. Leistner, R. Benz
In welchem Jahr wurden die Studien publiziert ?	
2011	2009
Mit welchen Versuchspersonen wurden die Studien durchgeführt ?	
- 58 Testpersonen mit Rückenschmerzen in einem frühen Chronifizierungsstadium - überwiegend Schmerzen im Lendenwirbelsäulenbereich	57 weibliche und 15 männliche Rückenschulteilnehmer
Wie sah der Versuchsaufbau der Studie aus ?	

- volljährige deutsche Probanden wurden unter bestimmten Einschluß- und Ausschlußkriterien auserwählt
- das Einverständnis wurde verlangt und jeder wurde über den Ablauf und der Ziele schriftlich informiert
- die Probanden wurden in 2 Gruppen aufgeteilt
- mit der Trainingsgruppe wurde ein progressives hypertrophieorientiertes Krafttraining an Geräten durchgeführt, bei dem große Muskelgruppen beansprucht wurden, zudem wurde viel Wert auf die Lumbalextension gelegt
- vor dem ersten Training wurden die Probanden von Fachpersonal eingewiesen und nach dem 10. und 20. Training wurden Trainingskontrollen durchgeführt
- die zweite Gruppe (Kontrollgruppe) erhielt keine Trainingsmaßnahmen, durfte aber dennoch 6 Monate kostenfrei trainieren
- die Probanden wurden anhand zweier Schmerzskalen (Medical Outcomes Study (MOS) und Oswestry Disability Index (ODI)) schriftlich, in Bezug auf die letzten 4 Wochen, befragt
- die Fragen bezogen sich auf die Intensität des Rückenschmerzes (Schmerzhäufigkeit, Schmerzdauer, durchschnittliche und größte Schmerzstärke) und die Beeinträchtigung durch Rückenschmerz (Stimmung, Gehfähigkeit, Schlaf, Freizeit, Lebensfreude)
- die Maximalkraft bei der Lumbalextension wurde isometrisch in maximal sieben Positionen getestet

- die Probanden wurden vor, während und 3 Monate nach dem Kursende untersucht
- von jedem Teilnehmer wurde ein Schmerztagebuch geschrieben, in dem er auf einer Schmerzskala von 0 - 5, seinen Schmerz einsortierte
- ein Kurs pro Woche dauerte ca. 90 Minuten und wurde von zwei Rückenschullehrern gehalten
- es gibt ein vorgeschriebenes Curriculum, welches sich über 10 Wochen erstreckt
- bereits demonstrierte Übungen sollten zusätzlich zwei Mal pro Woche durchgeführt werden
- ein Eintrag in das Schmerztagebuch erfolgte vor dem ersten Kurs, nach 5 Kurseinheiten, nach 10 Kurseinheiten und 3 Monate nach Kursende
- durchgeführt wurde nur ein konzentrisches Krafttraining, damit hohe Belastungen vermieden werden konnten
- demnach wurde auch ein progressives Muskelrelaxationstraining durchgeführt, um den Gegensatz zwischen Spannung und Entspannung herauszuarbeiten
- diese Entspannungstherapie, welche der Kursleiter anleitet, wird über Obere Extremität, Kopf, Rumpf, untere Extremität durchgeführt

Welche relevanten Ergebnisse und Schlussfolgerungen lieferten die Studien ?

- durchschnittlich trainierten die Probanden 24,5 Wochen und 1,6 Mal pro Woche - in der Trainingsgruppe waren 20 Personen danach schmerzfrei, darunter hatten 9 vorher mäßig/starke und 11 leichte/sehr leichte Schmerzen - in der Kontrollgruppe wurden 6 Probanden schmerzfrei, je drei mit sehr leichten bzw. mäßig starken Schmerzen - es sollte die eigene psychische Hemmschwelle überwunden werden, da ein Krafttraining im Umfang von 6 Einheiten im Monat, bei Personen mit chronischem Rückenschmerz im Anfangsstadium, Erfolg erzielen und die Schmerzen lindern kann	- es konnten alle Testpersonen bis 3 Monate nach Kursende beobachtet werden - sowohl bei den weiblichen als auch bei den männlichen Testpersonen, konnten die Schmerzscores um mindestens die Hälfte im Vergleich zum Ausgangswert verbessert werden - bei den Frauen war der Wert nach 3 Monaten noch 38 % niedriger als der Ausgangswert - bei den Männern war der Wert, gegenüber dem höheren Ausgangswert, 51,8 % reduziert - es konnte eine deutliche Verbesserung in der Schmerzsymptomatik erzielt werden

(Stephan & Goebel & Schmidtbleicher, 2011)   (Leistner & Benz, 2000, S. 297-303)

6 Tabellenverzeichnis

7 Literaturverzeichnis

Arndt, S. (2010). *Prinzipien im Krafttraining.* Zugriff am 07.03.2016. Verfügbar unter http://www.bodytrainer.tv/de/page/1/19-3-Prinzipien+im+Krafttraining

Eifler, C. (2015). *Studienbrief Trainingslehre 1 - Gesundheitsorientiertes Krafttraining.* Saarbrücken: Deutsche Hochschule für Prävention und Gesundheitsmanagement

Gumbert, P. (2016). *Bauchmuskulatur.* Zugriff am 07.03.2016. Verfügbar unter https://www.dr-gumpert.de/html/bauchmuskulatur.html

Gumbert, P. (2016). *Beinmuskeltraining.* Zugriff am 07.03.2016. Verfügbar unter https://www.dr-gumpert.de/html/beinmuskeltraining.html

Gumbert, P. (2016). *Brustmuskeltraining.* Zugriff am 07.03.2016. Verfügbar unter https://www.dr-gumpert.de/html/brustmuskeltraining.html

Gumbert, P. (2016). Rückentraining. Zugriff am 07.03.2016. Verfügbar unter https://www.dr-gumpert.de/html/rueckentraining.html

Leistner, M. & Benz, R. (2000). *Der Einfluss der integrierten Rückenschule auf das Schmerzerleben von Rückenschmerzpatienten. Deutsche Zeitschrift für Sportmedizin,* 51 (9), 297 – 303. Zugriff am 08.03.16. Verfügbar unter http://www.zeitschrift-sportmedizin.de/fileadmin/content/archiv2000/heft09/a0900_3.pdf

Stephan, A. & Goebel, S. & Schmidtbleicher, D. (2011). *Effekte maschinengestützten Krafttrainings in der Behandlung chronischen Rückenschmerzes. Deutsche Zeitschrift für Sportmedizin,* 62 (3). Zugriff am 08.03.16. Verfügbar unter http://www.zeitschrift-sportmedizin.de/artikel-online/archiv-2011/heft-3/effekte-maschinengestuetzten-kraft-trainings-in-der-behandlung-chronischen-rueckenschmerzes/